VENTE
Du Jeudi 17 Mars 1904

HOTEL DROUOT, SALLE N° 10

à 2 heures 1/2

TABLEAUX

MODERNES

AQUARELLES — PASTELS — DESSINS

COMMISSAIRE-PRISEUR

Mᵉ GEORGES BONNAUD

EXPERT

M. L. MOLINE

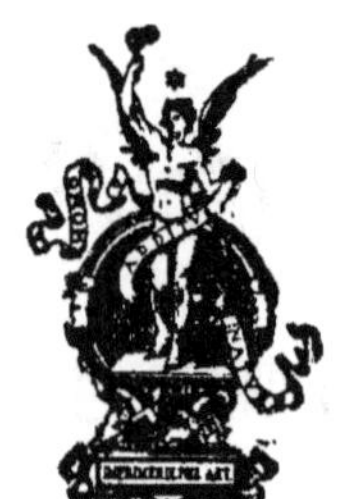

CATALOGUE

DE

TABLEAUX

PAR

BOMBLED, CAILLEBOTE, E. CARRIÈRE, J. CHÉRET, DULUARD,
GUILLOUX, GYP, HENNER, LEROLLE, S. LÉPINE,
C. PISSARRO, C. ROQUEPLAN, ROCHEGROSSE, PH. ROUSSEAU,
ROYBET, THAULOW, VAN GOGH, ETC., ETC.

ET

AQUARELLES, PASTELS, DESSINS

PAR

BOUDIN, CAZIN, DAUMIER, FORAIN, GAVARNI,
GUYS, GUILLAUMIN, CLAUDE MONET, MANET, PAL, TASSAERT,
WILLETTE, ETC., ETC.

DONT LA VENTE AURA LIEU

HOTEL DROUOT, SALLE N° 10

Le Jeudi 17 Mars 1904

à 2 heures 1/2

COMMISSAIRE-PRISEUR	EXPERT
Mᵉ GEORGES BONNAUD	**M. L. MOLINE**
23, rue Le Peletier	20, rue Laffitte

EXPOSITION PUBLIQUE

Le Mercredi 16 Mars 1904, de 1 heure 1/2 à 5 heures 1/2

CONDITIONS DE LA VENTE

Elle sera faite au comptant.

Les acquéreurs payeront *dix pour cent* en sus des prix d'adjudication.

Paris —Imp. de l'Art, E. Moreau et Cie, 41, r. de la Victoire.

DÉSIGNATION

PEINTURES

ANQUETIN

1 — *Étude de Femme.*

BOMBLED

2 — *Chasse au cerf.*

BOUDIN

3 — *Vaches. Étude.*

CAILLEBOTTE

4 — *Bords de Seine.*

CARRIÈRE (E.)

5 — *Tête de Jeune Fille.*

CARRIÈRE (E.)

6 — *Tête d'enfant.*

CHÉRET (J.)

7 — *Loïe Fuller.*

COROT

8 — *Fontainebleau. (Cachet de la vente au dos.)*

DULUARD

9 — *La Gavotte.*

ÉCOLE MODERNE

10 — *Étude de vache.*

GAUSSON

11 — *Une Rue à Lagny (Seine-et-Marne).*

GUILLOUX

12 — *Crépuscule.*

GUILLOUX

13 — *Lever de lune.*

GYP

14 — *Un Chien.*

HENNER

15 — *Tête de Femme.*

E. IBELS

16 — *Violettes.*

LEROLLE

17 — *Aux Champs.*

S. LÉPINE

18 — *Port hollandais.*

S. LÉPINE

19 — *Environs de Paris.*

MITA

20 — *Bords de la Loire.*

PISSARRO (Camille)

21 — *Vue de Moret.*

G. ROCHEGROSSE

22 — *Femme assise dans un paysage.*

ROQUEPLAN (C.)

23 — *Le Page.*

ROUSSEAU (Ph.)

24 — *Un Chien.*

ROYBET

25 — *L'Étudiant.*

ROYBET

26 — *Le Tambour.*

SAUZAY

27 — *Paysage.*

SEYSSAUD

28 — *Paysage.*

SIMONS (Paul)

29 — *Les Martigues.*

SINET

30 — *Paysage.*

SINET

31 — *Paysage.*

STEINER (G.)

32 — *Paysage.*

THAULOW

33 — *Une Place à Anvers.*

VALADON (E.)

34 — *Nature morte.*

VALADON (E.)

35 — *Nymphe endormie.*

VELDE (H. Van de)

36 — *Paysage.*

VAN GOGH

37 — *Portrait de Van Gogh.*

VERDIEN

38 — *L'Hiver.*

VIOLLET-LE-DUC

39 — *Le Marais.*

VIOLLET-LE-DUC

40 — *Paysage.*

VIOLLET-LE-DUC

41 — *Pommier en fleurs.*

WERTHEIMER (G.)

42 — *Tête de Lion.*

YVON (Ad.)

43 — *Capitaine de zouaves à Malakoff.*

AQUARELLES

FORAIN (J.-L.)

44 — *L'Homme au bouquet*. (A été gravé.)

FORAIN (J.-L.)

45 — *Loge de danseuse.*

GAVARNI

46 — *Sans profession.*

GAVARNI

47 — *Le Homard m'est contraire.*

JOSSOT

48 — *Democ-Soc.*

SOMM (H.)

49 — *Trianon.*

PASTELS

BOUDIN

50 — *Soleil couchant.*

BOUDIN

51 — *La Jetée de Trouville.*

GUILLAUMIN

52 — *Paysage.*

MONET (Claude)

53 — *Marine.*

PAL

54 — *Buste de Femme.*

PAL

55 — *Arlequine.*

PAL

56 — *Personnages dans la campagne.*

DESSINS

CAZIN

57 — *Rue de village.*

DAUMIER (H.)

58 — *Maternité.*

GUYS (Constantin)

59 — *A Mabille.*

MANET (E.)

60 — *La Toilette.* Sanguine.

NEUVILLE (De)

61 — *Épisode de la guere de 1870.*

PAYEN

62 — *Circé.*

TASSAERT

63 — *Tête de femme.*

WILLETTE

64 — *Foi de veau...*

WILLETTE

65 — *Bal des Escholiers.*

WILLETTE

66 — *Je t'aime.*

WILLETTE

67 — *Projet d'affiche pour le Cacao Van Houten.*

WILLETTE

68 — *Je te permets, Vénus, de l'enmener deux mois, mais ne lui fait pas de mal.*

69 — Sous ce numéro : peintures, dessins, etc. non catalogués.